Mama Dino möchte zu ihren Kindern. Kannst du ihr durch das Labyrinth helfen?

Male die zwei hellgrauen Buchstaben nach. Die Pfeile helfen dir.

Dinosaurier

Dd Dd Ee Ee

Findest du die drei Fehler im rechten Bild? Kreise sie ein.

Super!

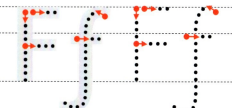
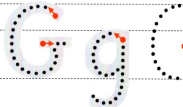

Male mit deinem Stift die Umrisse des Dinosauriers nach.

Male die vier hellgrauen Buchstaben nach. Folge dabei den Pfeilen.

Dinosaurier

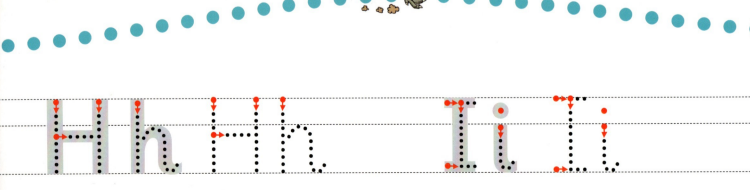

Hh Hh   Ii Ii

Verbinde jeden Dinokopf mit dem passenden Dinoschwanz.

Wie viele Babydinos siehst du? Schreibe die Zahl in das Kästchen.

Toll!

Hilf den Dinosauriern, zu ihrer Beute zu gelangen.

Was gehört nicht dazu? Streiche es durch.

Umrande das Horn und die Stachel des Dinosauriers.

Male die sechs hellgrauen Buchstaben nach. Folge dabei den Pfeilen.

Dinosaurier

Spitze! ✓

NnNn OoOo

**Wie viele Dinosaurier siehst du?
Schreibe die Zahl in das Kästchen.**

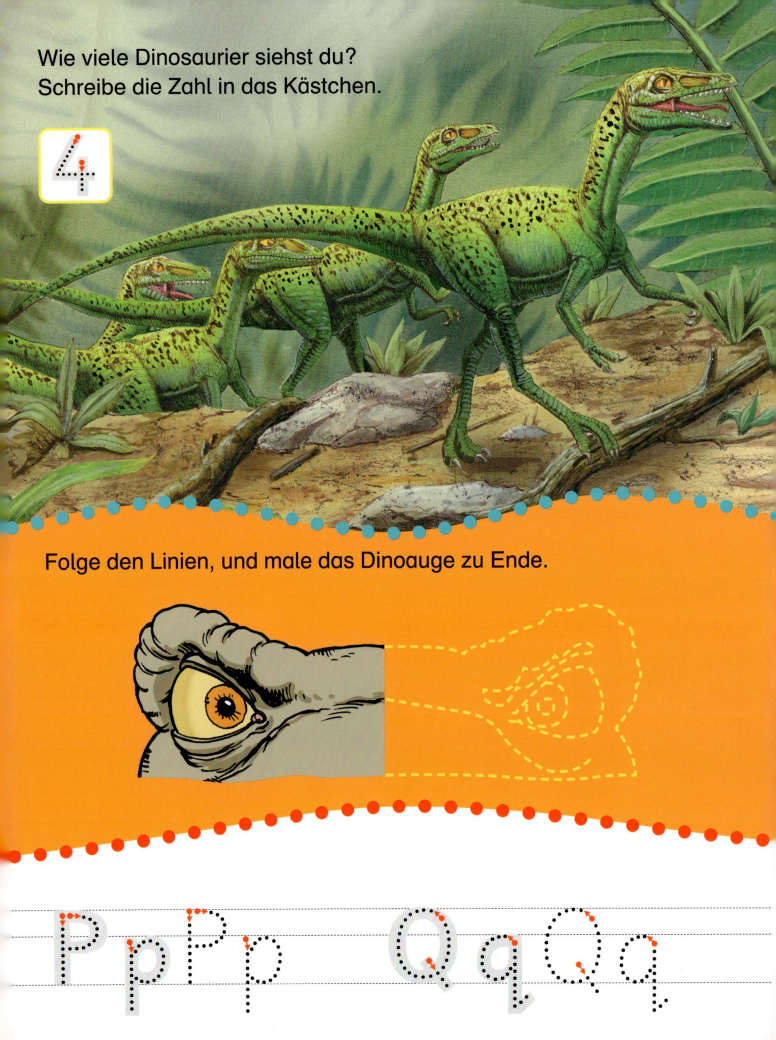

Folge den Linien, und male das Dinoauge zu Ende.

Male die Spuren nach, die der Dinosaurier mit seinen Krallen hinterlassen hat.

Male alle hellgrauen Buchstaben nach. Folge dabei den Pfeilen.

Dinosaurier

Klasse!

RrRr   SsSs

Male die Linien nach, bis du bei den Dinosauriern ankommst.

Male alle hellgrauen Buchstaben nach. Folge dabei den Pfeilen.

Dinosaurier

Ttt Uuu